한국외국어대학교 국제지역연구센터 ③
HK+국가전략사업단 지역인문학 총서

북방연구 시리즈: 우리에게 북방은 무엇인가

한반도와 북방의
문화교차로,
동북 3성

정보은

현 한국외국어대학교 국제지역연구센터 HK+국가전략사업단 연구교수.
한국외국어대학교 국제지역대학원 졸업. 「중국 오·사(五·四)시기 지식인의 계몽적 역할에 관한 연구」를 주제로 사회학 박사학위 받음.
저서로는 『현대중국학 특강』, 『21세기 환태평양지역의 문화변동과 글로벌리제이션』 등. 역서로는 『지식분자와 중국사회』. 논문으로는 「중국 변경, 신장(新疆)지역의 문화적 갈등 심화에 대한 소고」, 「중국 동북진흥전략과 소수민족정책 변화의 함의」 등 다수.

E-mail: qingtian88@hufs.ac.kr

한반도와 북방의
문화교차로,
동북 3성

초판인쇄　2021년 12월 31일
초판발행　2021년 12월 31일

지은이　정보은
펴낸이　채종준
펴낸곳　한국학술정보㈜
주　소　경기도 파주시 회동길 230(문발동)
전　화　031) 908-3181(대표)
팩　스　031) 908-3189
홈페이지　http://ebook.kstudy.com
E-mail　출판사업부 publish@kstudy.com
출판신고　2003년 9월25일 제406-2003-000012호

ISBN　979-11-6801-314-8 94340
ISBN(세트)　979-11-6801-311-7 (전 10권)

한국외국어대학교 국제지역연구센터 ❸
HK+국가전략사업단 지역인문학 총서

북방연구 시리즈: 우리에게 북방은 무엇인가

한반도와 북방의
문화교차로,
동북 3성

정보은 지음

본서는 2021년 11월 2일부터 11월 30일까지 4주에 걸쳐 매주 화요일
디지털타임스에 연재된 글들을 정리한 것임을 밝힙니다.

이 책은 2020년 대한민국 교육부와 한국연구재단의 지원을 받아
수행된 연구임(NRF-2020S1A6A3A04064633)

북방연구 시리즈:
우리에게 북방은 무엇인가?

본 북방연구 시리즈는 한국외국어대학교 국제지역연구센터 HK+국가전략사업단의 "초국적 협력과 소통의 모색: 통일 환경 조성을 위한 북방 문화 접점 확인과 문화 허브의 구축"이라는 아젠다의 2년차 연구 성과를 담고 있다. 총 10권의 책들로 구성되어 있는 시리즈는 아젠다 소주제의 하나인 '우리에게 북방은 무엇인가'라는 질문에 대한 연구진의 답변으로, 2021년 한 해 동안 일간 디지털타임스에 매주 '북방문화와 맥을 잇다'라는 주제로 연재됐던 칼럼들을 기초로 작성되었으며 아래 세 가지에 주안점을 두고 집필하였다.

첫째, 간결하고 평이한 문체를 사용하고자 노력하였다. 사업단의 연구내용을 관련 분야에 종사하는 연구자 및 전문가는 물론 일반대중과 학생들도 쉽게 읽고 이해할 수 있기를 바란다.

둘째, '우리에게 북방은 무엇인가?'라는 질문에 답하는 과정에서 가능한 다양한 시각을 포괄하고자 노력하였다. 정치와 외교, 국가전략, 지리, 역사, 문화 등 다양한 입장에서 살펴본 북방의 의미를 독자 대중이 쉽게 이해할 수 있기를 바란다.

셋째, 통일이라는 목적성을 견지하면서 북방과의 초국적 협력 및 소통이 종국적으로 한반도와 통일 환경에 미칠 영향에 대해 다양한 시각으로 접근하였다.

통일은 남과 북의 합의는 물론 주변국과 국제사회의 협력이 필수적인 지극히 국제적인 문제다. 그리고 북방과의 관계 진전은 성공적인 통일 환경 조성에 필수적 요소다. 본 시리즈가 북방과의 초국적 협력을 통한 한반도 통일 환경 조성에 미약하나마 기여할 수 있기를 기대한다.

2021년 12월
집필진을 대표하여
HK+국가전략사업단장 강준영

목차

01

들어가는 말

한반도에게 동북3성은 과거 역사 속의 웅장함과 애절함, 그리고 미래에 대한 희망 등 감정적으로 다양한 느낌을 선사하는 곳이다. 일반적으로 현재 우리가 동북 3성을 떠올리면 당장 우선적으로 떠오르는 단어들은 조선족, 낙후됨, 북한, 공업 도시 등등 몇 가지 부정적인 인상의 단어들로 단선적으로만 묘사될 뿐이다. 그러나 동북지역은 동북아시아의 중추 기능을 하는 곳으로서 지정학적 가치가 충분할 뿐 아니라 역사 과정에서도 한반도와 한민족이 겪었던 아픔을 함께 하는 곳이다. 그리고 그 아픔을 이제는 한반도 미래에 대한 찬란한 희망으로 치유해야 해야 할 때가 된 것 같다. 그런 측면에서 우리는 중국 동북 3성에 대하여 그동안 가졌던 편견을 버리고 지리와 역사, 문화등 다양한 방면으로 그 공간을 확인할 필요가 있다.

02

한반도와 동북 3성,
북방문화의 교차로

출처 : 매일경제, 2016.09.28

중국의 동북 3성은 지리적으로 중국 최동북 지역에

위치하는 랴오닝성(遼寧省), 지린성(吉林省), 헤이룽장성(黑龍江省)을 통칭하는 지리적 개념이다. 동북 3성 전체 면적이 78.7만㎢로서 중국 전체(959.7만㎢)의 8.2%, 한반도(22.2만㎢)의 3.5배, 한국(9.9㎢)의 8배에 해당한다.

중국에서는 통상 동베이(東北)라고 불려지고 한반도에서는 만주, 간도로 알려진 곳이다. 현재의 중국 동북지역은 중화인민공화국 성립 이후 중화민국 시기에 사용한 지린성, 랴오닝성, 헤이룽장성 명칭을 계속해서 사용하고 있다. 동북지역은 남으로는 압록강과 두만강을 경계로 한반도 북한과 맞닿아 있고 동북쪽으로는 러시아와 국경을 접한다. 서쪽으로는 중국의 네이멍구 자치구와 허베이성을 접하고 있다. 랴오닝성 남쪽은 서해와 발해만을 접하고 있다.

역사적으로 동북 3성은 우리나라 최초의 국가인 고조선의 영토와 상당 부분 중첩하는 지역이며, 고조선 이후 부여, 고구려, 발해의 건국중심 및 발양지이다. 중국 왕조로는 기원전 3세기 전국시대의 연(燕)이 랴오닝 지역을 처음으로 지배한 이후 거란족, 여진족, 몽고족 등의 민족들이 동북 3성 지역에서 활동했고, 1625년 청 태조 누르하치가 수도를 요양(遼陽)에서 현 랴오닝성의 성도인 선양(沈陽)으로 천도한 바 있으며, 청조 말기에는 동북 3성이 일본 및 제정러시아의 세력 각축장으로 변모했다. 선양은 1644년 청의 북경 천도 이후 및 1932년 만주국 성립 당시 '펑텐(봉천)'으로 지칭되기도 하였으나, 1949년 '선양'으로 공식 행정지명 환원되었고 1954년에 중화인민공화국 정부의 결정에 의거, 현재의 랴오닝성, 지린성 그리고 헤이룽장성으로 성립되었다.

이곳의 초기의 국가는 요하 유역을 중심으로 성립한 고조선이며 기원전 4세기말 ~ 3세기초 연나라와의 전쟁으로 그 중심지를 평양으로 이동했다. 요녕 지역(遼宁地域)을 지배한 최초의 중국 왕조는 전국시대의 연(燕)나라이고 연(燕)은 기원전 222년 진(秦)나라의 천하통일로 진에 흡수 통합되었다.

현재의 지린시를 중심으로 하여 제2 송화강 중류의 지린성 중부지대에는 기원전 2세기부터 기원후 4, 5세기에 걸쳐 초기국가인 부여가 존속했고, 부여는 494년 물길(勿吉)의 압박으로 왕실과 일부 백성들이 고구려에 귀의했다.

고구려·발해 시기에는 기원전 1세기경 랴오닝성 남동부(지금의 통화通化북부)에 고구려를 건립했고 2대

유리왕때 국내성(지금의 지안集安)으로 환도했다. 고구려 장군 대조영이 고구려 유민의 인적 자원을 토대로 상경 용천부(지금의 헤이룽장성 영안시)를 중심으로 건립한 발해(698~926)가 동북아시아의 강국으로 위용을 떨치며 지린성의 동부, 중부 및 헤이룽장성 전역에 걸쳐 지배했다.

송(宋)나라 시기에는 거란족의 일원인 야율아보기가 916년에 거란국을 건립, 926년에 발해를 멸망시키고 화북의 연운 16주를 획득하여 947년 국호를 요(遼)로 개칭하고, 960년 건국한 송과 대치했다. 여진(女眞) 완옌부의 족장인 아골타(阿骨打)가 1115년에 금(金)을 건국하고, 1125년에 요를 멸망시켰다. 금의 수도는 지금의 헤이룽장성 아성시(阿城市)에 위치 했고, 1153년 연경(燕京, 지금의 베이징)으로 천도했다.

원(元)나라 시기에는 동북 3성 전역이 요양행성(遼阳行省) 관할에 소속되었으며 명(明)나라 시기, 명대 이후 지린성(吉林省)을 중심으로 동북 3성 지역이 개발되기 시작했다.

여진은 거주지역에 따라 건주여진(建州女真, 목단강

유역), 해서여진(海西女真, 송화강유역), 야인여진(野人女真, 흑룡강 중·하류)으로 분류, 건주여진과 해서여진은 주로 농목업에 종사하는 등 문화적으로 발달하였으나, 어로·유목에 종사하는 야인여진에 밀려 남하하게 되었고 명대 초 건주 및 해서여진이 지린성과 랴오닝성 일대로 이주·정착했다.

청(淸) 나라 시기에 건주여진 출신인 누루하치(努尔哈赤, 청태조)가 여진을 통일하고 1616년 금(金)을 건국하고, 흥경(興京, 지금의 랴오닝성 신빈)에 도읍을 정하고 1625년 성경(盛京, 지금의 선양)으로 천도했다. 1626년 누루하치가 사망하자, 그의 아들 홍타이지(청태종)가 왕위를 계승, 국호를 대청(大淸)이라 하였다. 1644년 이자성(李自成)의 반란으로 명이 멸망하자 청의 순치제(順治帝)가 베이징으로 진군, 수도를 선양에서 북경(順天府)으로 옮겼으나 청나라는 자신의 발상지인 요동 일대를 보호하고자 봉금지대로 삼고, 봉금지대의 동쪽 경계를 표시하기 위해 버드나무 울타리를 심어 만든 유조변(柳條邊)을 설치했다.

청나라 말기의 동북 3성은 일본 및 제정러시아의 세력 각축장이 되었다. 제2차 아편전쟁 후 랴오닝성의 우장

(牛庄, 지금의 营口)이 무역항으로 개방되었고 헤이룽장성은 제정러시아가 강제 점거했다. 청·일전쟁 후 일본이 요동반도를 할양받았으나, 삼국간섭으로 다시 반환하고 러시아는 이 기회를 이용하여 여순·대련항의 조차 및 동청철도매설권(东清铁道敷设权) 획득했으나 러·일 전쟁이 끝나고 러시아가 획득한 이권은 일본에게 이전되었다.

신해혁명(1911) 이후, 중화민국 시기의 동북지방은 장쭤린(張作霖)이 세력을 확대하여 봉천군벌(奉天軍閥)을 형성하고 1923년 선양을 정식으로 펑톈시(奉天市, 봉천시)라 명명하였으나, 그의 아들 장쉐량(張學良)이 다시 선양시(瀋陽市)로 개명했다. 1931년 만주사변을 일으킨 일본은 만주국(滿洲國)을 세우고 창춘(長春)을 신경(新京)으로 개칭하여 수도로 정했고, 1945년 일본 패망과함께 만주국은 와해 되었다.

1949년 중화인민공화국 성립 이후 1954년 8월 중화인민공화국 정부의 "일급행정기구 취소 및 일부 성·시 합병에 관한 결정"에 의거, 현재의 랴오닝성, 지린성, 그리고 헤이룽장성이 성립되었다.

조선인의 동북지역 이주는 대략 1620년대 명말·청초 시기 명을 원조하기 위해 파견된 조선군대의 일부 잔류자 및 정묘호란·병자호란 당시 포로로 끌려간 군대와 백성들을 시초로 볼 수 있다. 청은 이주민 유입 방지, 성역 보호 등을 위해 봉금정책(封禁政策)을 실시하여 조선인들의 직접 이주를 엄금했다.

근대적 의미의 중국 조선인의 이주 과정은 크게 두 시기로 나눌 수 있는데, 첫 시기는 1860년대 한반도의 자연재해 등의 요인으로 조선인들이 동북지방에 대거 이주하기 시작한 이후부터 한일합방(1910년)까지이고, 두 번째 시기는 일본 제국주의 시기인 1910~1945년 광복까지이다.

조선인의 대량 이주는 1860년대부터 시작되는데 1860~1910년 까지를 경제적 피난 이주기로 볼 수 있다. 당시 조선지역에는 땅은 좁고 인구는 많아 식량마저 부족하였고 연속되는 자연재해는 농민들을 기아에 허덕이게 했다. 이로 인해 수많은 재해민들은 살길을 찾아 고향을 등지고 강을 건너 중국의 동북지역으로 이주하기 시작한 것이다. 이 주민들은 압록강, 두만강 연안 지역에 널리 분포되기 시작하여 1870년 전후 조선 농민들이 지안(集安)에 1천여 가구가 모이고 임강, 혼강 연안의 산간지역에도 이주민들이 함께 집거했다. 1881년 연변지역에는 만여 명의 조선 이주민들이 거주했다.

청의 봉금정책에도 불구하고 청조 말기에는 느슨한 국경경비와 심각한 자연재해 등으로 월강 경작자들이 증가하였으며, 1885년 봉금령(封禁令) 폐지와 더불어 조선의 가난한 농민들은 더욱 많이 만주에 이주해 오기 시작했다. 1897년 통화, 환인, 관전, 신빈 등 지역에 이주해 온 조선 농민들이 8천여 가구 약 3만여 명에 달하였고 1905년에는 장백, 임강, 집안, 안동, 봉성과 관전 등 지역에 거주한 조선 농민들이 9천9백여 가구가 되었으며 1904년 연변지역의 조선인 이주민들은 5만여 명에 달하였고 1909년에는 18만여 명에 이르게 되었다.

조선반도가 일본의 식민지(1910~1945년 일본침략기 기간)로 된 후 조선인의 중국으로의 이주는 더욱 활발해졌으며, 이 시기를 또한 1910년~1931년 기간과 1931년~1945년 기간으로 두 단계로 나눌 수 있다.

첫 단계는 일제 피난기(1910~1931년)이다. 일본 제국주의의 강점하에 조선 땅에 발붙여 살 수 없는 수천, 수만의 파산된 농민들뿐만 아니라 관헌의 눈을 피하여 독립운동을 하려는 많은 애국 지사들이 끊임없이 중국에 건너오게 되었다. 1910년~1912년에 중국 동북의 조선인 수는 4만여 명 이상 증가하였으며, 1910년~1920년간에 압록강과 도문강 이북지역에 이주해 온 조선인 수는 19만여 명에 달했다. 1922년 3월 통계에 의하면, 동북 3성에 거주하고 있는 조선인이 65만 명이며, 그중 두만강, 압록강 유역에 44만여 명으로 전체인구의 약 69% 차지했다.

두 번째 단계는 일제 강제 이주 정책기(1931~1945년)로 이 시기에는 일본 식민주의자들의 강제이민정책에 의해 많은 조선 농민들이 고향을 떠나 중국으로 이민 오게 된 것이 특징이다. 9.18 사변(1931년)후 동북 3성을 식민지화한 일본은 1936년에 국내 모순을 완화 시키고 동북을 전 중국 침략의 후방과 식량 기지로 만들기 위해 향후 20년 내에 100만 가구 (511만 명)의 일본인 이민계획을 수립했다. 따라서 1940년 8월 통계에 의하면, 1937년부터 1940년까지 동북 각지에 조선 농민을 만여 가구를 이민시켰고, 1939년에 간도, 길림, 봉천, 통화, 목단강등 지역에 800여 가구를 이민시켰으며, 1940년에 통화, 길림, 간도, 금주와 빈강 등지에 1700여 가구를 이민시켰다. 1939년 말 동북지역의 조선인 수는 116만 명에 달하였고, 1944년에는 165만여 명에 달하였으며, 1945년 광복을 맞아 사람들이 귀국함으로써 1945년에는 111만여 명의 선에서 중화인민공화국의 건립을 맞이한 것이다.

당시의 조선인들의 분포상황을 보면, 먼저 압록강, 두만강, 북안지역에 집중적으로 이주하였으며 이후에는 수전개발과 더불어 동에서 서쪽 또는 북쪽으로 그리고 송화강, 목단강, 요하(동·서요하), 혼강, 수분하, 오소리강 등 유역으로까지 점차 확대 되었다.

이와같이 동북지역은 지리적 역사적으로 한반도와는 불가분의 관계임에도 불구하고 분단된 한반도는 아주 오랫동안 북방으로의 진출은 생각해 보지 못했다. 북한으로 가로막혀 광활한 대지를 잊고 살았고, 과거 고구려 발해의 역사를 막연하게 국사책으로만 접할 뿐 간절하게 그 땅을 밟아 보고 싶은 마음이 들도록 찬란한 역사를 제대로 가르치지도 배우지도 못했다.

우리에게 동북 3성은 더 넓은 북방으로 나아가기 위한 교차로가 된다. 지금부터라도 어떻게 나아갈 것인지 심각하게 생각하고 행동해야 한다. 그러기 위해서는 이 지역에 대한 다방면의 정확한 앎이 필요하다. 현재까지의 표피적인 생각은 모두 버리고 새로운 시선, 새로운 사고, 새로운 형태로의 접근 방법을 모색할 필요가 있다.

동북 3성에는 우리의 잊혀진 북방의 기상들의 흔적이 고스란히 남아있다. 특히, 지안 지역의 고구려 벽화에서는 당시 고구려의 국제적 성향을 확인할 수 있다. 박아림, <고구려 고분벽화 유라시아를 품다>에서는 고구려의 벽화에서 유라시아 문화적 요소를 자세히 설명하고 있다. 스키타이·흉노에 의해 만들어진 동물 양식 장식의 다양한 결합과 표현, 헬레니즘과 그레코-이란 계통의 모직물과 비단 장식과 같은 스키타이 흉노의 이슬람문화와 이들에 의해 개통된 북방기류 문화권 대를 통하여 오고 간 서역과 서방 문화를 포함한다. 흉노가 한과의 접촉에 의해 북방지역에 만든 호한 문화, 그리고 스키타이, 흉노, 유연, 에프탈, 돌궐의 유목민에 의해 지속적으로 흘러오고 간 북방지역의 문화, 마지막으로 끊임없이 중국으로 유입된 소그드인을 포함한 호상의 존재와 그들의 주거지를 통해 전파된 서방의 문화도 반영된 것으로 본다. 또한 고구려 벽화에 보이는 유라시아 문화를 이해하는데 있어서 소그드 지역을 포함하여 중앙아시아와 중국에까지 외교 사절을 보내거나 영토를 점령한 페르시아의 미술, 페르시아의 전쟁을 통해 페르시아 영토 내로 유입되고 후에는 중앙아시아까지 유입된 그레코-로마 미술과 그 장인들, 쿠샨 지역에서 일어난 불교 미술과 그 안에 습합된 조로아스터교의 종교, 이미 페르시아에서 발달하고 소그드를 통하여 중앙아시아와 중국으로 전파된 조로아스터교 문화, 현재의 우즈베키스탄을 둘러싼 지역에서 쿠샨, 간다라, 박트리아, 사산을 통하여 전달된 모든 문화들을 고려한다. 고구려 벽화에는 이미 상당한 북방의 다문화적 특징이 반영, 표현되어 지안에서 초기 벽화고분인 각저총과 무용총에 북방기류를 따라 발달한 북방 문화 특징이 발현된 연구들이 많이 존재한다. 따라서 이곳이 과거 북방문화의 교차로였고 고구려가 그 중심 세력이었다는 것을 여실히 확인시켜 주고 있다.

현재 우리에게는 한반도와 북방 간에 찬란하게 이어진 그 맥을 찾아내야 하는 과제가 남아 있다. 우선은 동북 3성의 한반도 문화와 유적을 통해서 문화적 정체성을 확인하고, 그것을 매개로 하여 북방 전 지역에 흩어져 있는 한반도의 맥들을 이어나가다 보면 잊혀졌던 한반도 북방의 기상이 불현듯 떠오를 수도 있을 것 같다.

03

익숙한 문화, 동북문화: 이야기꾼, 중국 동북인의 웃음과 해학

동북3성(東北三省)은 중국의 동북부 지역을 말하며 과거에는 만주(滿洲)로 불렸던 지역으로 우리에게 매우 익숙한 곳이다. 행정구역상으로는 랴오닝성(遼寧省, 요녕성), 지린성(吉林省, 길림성), 헤이룽장성(黑龍江省, 흑룡강성)의 3개 성(省)이 포함된다. 이 지역 최대의 도시는 랴오닝성의 성도인 선양(瀋陽)이며, 헤이룽장성의 성도인 하얼빈(哈爾濱), 지린성의 성도인 창춘(長春), 그 외에도 다롄(大連), 단둥(丹東), 지린(吉林) 등의 도시가 있다. 동북 3성(만주지역)은 200만 명 이상의 조선족이 거주하고 있고 고조선과 고구려 그리고 발해의 유적이 많이 남아있어 한민족과 매우 밀접한 관련을 맺고 있는 지역이기도 하다. 이지역 일대를 우리는 동북지역이라 부른다.

　중국 동북인들은 말을 잘하기로 알려져 있다. 심지어 동북지역 학자들의 딱딱한 발언도 재미있다고 느낄 정도로 동북인들은 종종 "너희 동북 사람들은 왜 이렇게 재미있냐" 는 질문을 자주 듣는다고 한다.

동북 사람들은 이야기에 능하여 중국 전국의 소설가 중에서는 랴오닝성 사람들이 절반을 차지한다. 이미 1980년대 동북부에는 현지 조선족, 만주족과 관동지역으로 몰려온 농민들 중에서 이야기꾼들이 많이 배출되었다. 그 중 가장 유명한 사람은 요하(遼河)강변의 농민 탄전산(譚振山)으로 1062개의 이야기를 할 수 있다고 하며 동방의 '아라비안나이트'로 불린다. 탄전산의 조상은 중국 내륙에서 관동을 지나 동북쪽으로 건너왔는데, 조상 대대로 요하강변 뤄지아팡샹(罗家房乡)의 타이핑좡(太平庄)에서 생활해 왔고, 탄전산은 이미 5대째가 되었다. 탄전산의 할아버지, 할머니, 큰아버지는 모두 이야기를 잘하는 사람들로 집안의 몇 세대 동안 세 명의 목수를 배출한 것을 제외하고는 모두 농사를 지으며 생활하는 농민인데 그들이 풀어 놓는 이야기가 아름답고 또 사람을 감동시킨다. 탄전산 민담의 풍부한 내용은 주로 관동지역에 관한 이야기로 구성되어 있다. 요하 유역의 산수, 풍물, 풍습 및 전설, 그리고 동북 지역 역사에 등장하는 각종 인물의 전설과 우화 등이다. 이야기들은 대부분 도덕적, 교훈적 내용으로 곡절이 많고 생동감 넘치게 구성되어 있다. 탄전산의 민담은 가족 중심의 동북 지역 농경 생활의 특징을 뚜렷하게 표현하고 있는 것으로 알려져 있다. 특히 '고향을 그리워하는 마음'을 깊이 담은 요하평야 농경민들의 생산활동과 생활, 지식과 지혜, 이상과 소망을 인문적으로 이야기에 반영하고 있어 사람들의 정서를 자극하고 공감하게 하는 것으로 유명하다.

그는 1992년 일본 학술계의 초청을 받아 일본 학계에서 중국 민간 이야기를 강의한 최초의 중국 농민이다. 그리고 1997년에 랴오닝성의 대표 이야기꾼인 탄전산에 대한 연구는 대만에서 본격적으로 시작됐다. 2010년 그가 사망하기 1년 전 대만에서는 그의 이야기집과 연구 논문집을 출간했다.

탄전산은 동북 이야기꾼 중 한 명으로 기성세대에 내려온 이야기를 기계적으로 이어받지 않고 끊임없이 재기발랄하게 발전시켜 나갔다. 전국에 전해지는 많은 민간 설화들을 자연스럽고 완벽하게 하나의 이야기에 녹아들게 하는 동시에, 현장의 소재를 활용하여 청중과 호흡하는 강력한 현장감을 반영하여 청중을 매료시켰다.

이런 과정들이 계속해서 이어지면서 현대에는 텔레비전, 인터넷, 미디어 플랫폼 등에서 토크쇼와 같은 새로운 예술 장르를 만들어냈다. 동북의 이야기 예술가들은 이러한 문화의 풍토를 선도하고 독주해 왔으며 자오번산(趙本山), 리쉐친(李雪琴)과 같은 현대적 이야기꾼을 배출해 내었다.

이처럼 전국의 이야기 무대에서 동북인들이 종횡무진 누비고 있는 것은 결코 우연이 아니다. 동북지역의 지역적 특징이 이야기꾼들을 만들어내었고 '동북인'이라는 문화적 성격도 탄생시켰다. 동북 이야기꾼을 유명하게 만든 이야기, 토크쇼는 모두 동북의 활발한 '구전문예(口头文艺)'의 토양에서 탄생했다. 이 토양은 동북의 생태계, 지리적 위치, 기후 환경, 나아가 동북인의 생활 방식과도 직결되는 것이었다.

즉 겨울이 길고 추운 동북지역, 혹한의 기후는 동북 구전문예 전통이 활성화되는 가장 직접적인 요인이 된다. 오늘날, 사람들의 문화생활은 점점 풍부하고 다양해졌지만, 우리가 전통 생활방식과 결별한 시간은 그리 오래되지 않았다. 마을에 전기가 들어오지 않던 시절의 기나긴 밤, 동북 사람들은 무엇으로 반년 가까운 기간의 긴 겨울을 보냈을까. 인간의 문화, 오락에 대한 욕구와 미를 추구하는 의식은 추위로 인해 실내에 갇히게 되므로 실내에서 즐길 수 있는 문화가 자연스럽게 생겨 나게 된 것이다. 자연스럽게 생겨난 실내문화는 여러 가지 책에 대해 이야기 하는 것과 옛날 구전 이야기이다. 그러다 흥이 나면 북을 치고, 실내라는 제한된 공간에서 두 사람이 춤추며 노래를 주고받고 즐기는 '이인전(二人轉)' 이라는 민간예술을 탄생시켜 여기에 점차 예술적 형식을 갖추게 되어 사람들이 추구하는 아름다움을 담게 되었다.

중국의 '이인전' 공연
출처 : 주간경향·경향신문 뉴스메이커 733호

이인전은 동북에서 가장 유명한 곡예 공연 중의 하

나이다. 동북지역에서 기원하고 유행한 특수한 민속공연으로 동북인들의 대범하고 열정적인 성격을 잘 표현한 중국 북방민속문화를 대표하는 예술 형태이다. 이인전의 최초는 약 300년 전에 나타났는데 초기에는 동북 소수민족이 즐기던 민간 공연이었으나 나중에 춤과 기예등의 내용이 첨가되면서 점차 중국 전역에서 선호하는 형식의 예술공연으로 변신했다. 이인전 출연자는 두 명으로 노래, 만담, 기예(특기), 춤 등 4가지를 중심으로 공연한다. 현재 중국 내에서 유명한 이인전 출연자는 대부분 동북 농촌 지역에서 배출되고 있다. 지난 수백 년간 이인전은 주로 동북의 민간에서만 전해지는 민속공연으로 중국의 중원과 남방지역에서 별 관심을 받지 못했지만 20세기 후반부터 새로운 표현 형식이 추가되면서 점점 주요 대도시로부터 관심을 받게 되었고 2006년 5월 20일 중국 국무원의 심사에 통과되고 정식으로 국가급 문화유산에 선정되어 경극(京劇), 황매극(黃梅劇), 사천 변검(變臉)과 나란히 중국 문화를 대표하는 대표작 선반에 올랐다. 이인전 예술은 다른 민간 예술과 같이 중국 동북지역의 인문, 지리, 역사, 민족, 종교, 과학, 의학, 미학 등 다양한 문화가 반영된 집합체이다. 그리고 시대의 변화와 흐름에 따라 다양한 방식으로 공연이

시도되고 있으며 분장기술 및 무대 연출 기술이 발전하여 종합예술로서의 수준을 지속적으로 향상 시켜 중국 문화부에서 공표한 국가급 비 물질문화유산 목록 중 이인전은 제262호로 지정되었다.

기후요인 외에도 어렵, 농경, 유목 위주의 생산 방식과 인삼 재배, 금광, 광산, 벌목 등 이 지역 사람들의 다양한 생활 방식은 유일한 오락인 '이야기' 방식으로 구전문화 전통을 이어오고 있다. 그들이 생생하게 이야기하는 것은 동북이라는 땅의 문화적 성격과 밀접하게 연관되어 있다. 고향을 등진 수많은 관내인들이 관동(關東)인 동북으로 건너와 혹독한 추위와 어려운 생활환경 속에서 부지런히 농사를 지으며 활달하고 낙관적이며 호방한 정신으로 즐겁고 유쾌하게 생활한 흔적들을 그들이 하는 이야기 속에서 모두 만날 수 있다. 동북 사람들은 그들 스스로를 두고 "빈락(貧樂)"이라고 자조한다. 1999년, 중국 CCTV가 춘제<春節·설>를 경축하는 의미에서 설 전날 밤 8시부터 자정 지날 때까지 생방송으로 진행하는 설 특집 프로그램인 '춘절연환만회(春節聯歡晚會)'에 자오번산(趙本山)과 송단단(宋丹丹)이 출연한 '어제오늘 내일' 코너에서는 "결혼할 때 집

에 가전제품이 하나 있었는데, 바로 손전등이다"라는 대
사 내용으로 동북 흑토지(黑土地)의 문화적 성격인 어
려움 가운데에서도 웃음을 찾고 즐길 줄 하는 모습을
담아냈다.

동북지방은 물산이 풍요롭고 인구가 중원처럼 조밀
하지 않아 동북의 1인당 점유 자원이 풍부한 편이고 땅
이 넓고 비옥한 '흑토지'를 보유하여 물질에 대한 긴장
감이 그리 크지 않다. 그리고 관외(關外)라는 특수한 지
리적 위치는 역사적으로 동북인들이 중원의 전통 예교
에 얽매이지 않고, 중원 본토에 비해 비교적 자유롭고
자주적인 발전공간이 되었고 문화창조 면에서도 통속
의 세계가 아취(雅趣)의 세계와 통하는 대속대아(大俗
大雅)한 기질을 보이고 있다. 자연계의 구조가 정서적
인 문화특징에 각인된 것이다.

또한 동북 사람들의 일상 언어는 논리와 이성, 문법,
규칙, 예교에 부합하는지를 고려하지 않고 외부 환경
에 대해서 깨달음과 감각을 직접적으로 표현하는데 정
서에 따라 자연스럽게 표현되는 것이 가장 큰 특징이
며 동북 방언에 매우 특색 있고 직설적인 유머로 나타
난다.

이러한 문화적 배경 속에서 동북인들은 태생적으로 유머와 해학을 갖고 태어났고, 동북의 삶에 희극적 색채가 가득하다. 이것은 인간의 정신과 문화에 생태적 지위가 작용한다는 것을 알게 해 주고 또 과거 동북으로 이주한 한반도인들이 척박한 자연환경을 웃음과 해학으로 승화시켜 삶을 이어나간 것과도 유사하다.

현대에 이르러 발달한 창조적 유머는 상성(相聲)이다. 상성은 중국의 민간 설창(说唱)문예 중 하나이다. 설창이란, 말하기도 하고 노래하기도 한다는 의미이기도 하며, 산문과 운문으로 꾸며진 민간예술이라는 의미이기도 하다. 주로 동북 사람들의 끼가 특출하다. 입으로만 웃기는 재담으로 우리나라에도 만담(漫談)이 있다. 우리나라의 대표적 만담가는 '장소팔과 고춘자'이다. 이 두 사람의 만담은 한때 전 국민이 애청하는 프로그램이었다. 그 이후로는 '구봉서와 배삼룡', '서영춘과 백금녀' 가수이자 만담 커플인 '서수남과 하청일', 그리고 그 뒤를 이어 개그맨 '최양락과 김미화'로 발전했다. 한국의 만담은 이후 코미디로 변했고, 현재는 단순한 개그이며 그나마도 사라져 가고 있다.

중국의 상성은 20년 전 부터 단막극으로 변해갔다.

그럼에도 현재까지 춘제(春節)가 되면 여전히 인기가 있다. 중국 상성의 제1인자는 자오번산(趙本山)이며 그를 따라갈 인물이 없다. 그는 동북지역 랴오닝성 출신으로 국가 1급 연예인이며 정협위원이다. 그는 '멀쩡한 사람에게 지팡이를 판다'라는 이야기로 유명해졌다. 입담이 얼마나 좋은지 그의 이야기를 들으면 아닌 것도 맞는 것으로 착각하게 된다. 그로 인해 중국 사회에 '훌유 문화'가 정착이 되었다고 해도 과언이 아니다. 자오번산은 상성에도 특출하지만 단막극에서도 진가를 발하는 사람이다. 재담 뿐 아니라 바보처럼 부족한 듯 하지만 반전이 있다. 허점을 찌르며 상대를 골려주는 그의 행동으로 전 중국 사람들이 즐거워한다. 그가 희극왕, 소품왕, 동방의 찰리채플린 등으로 불리는 것만 보더라도 명성이 대단하다는 것을 알 수 있다.

중국에는 현재까지 하나의 장르로 상성이 온전하게 남아있고, 현재는 코미디 토크쇼경연대회인 "토크쇼대회(脫口秀大会)"가 인기 TV 프로그램으로 자리매김하여 각 분야에서 온 토크쇼 선수들이 주어진 주제에 따라 다양하게 이야기 재능을 선보이고 있다. 반면 한국은 과거의 만담을 코미디에서 개그로 장르를 변화시켜왔으나 현재는 개그도 사라지고 있는 것 같다.

04

단둥 '압록강 단교'의
슬픔과 미래

‘동방을 붉게 물들이는 도시’라는 뜻의 단둥(丹東)은 중국 랴오닝(遼寧)성 동부에 위치한 인구 약 245만명(2015년 기준)의 국경 도시이다. 북한과 접경하고 있어 지정학적 중요성이 큰 도시이고 한국인에게 결코 낯설지 않은 공간이다.

단둥의 옛 이름은 중국 동부지역을 평안하게 다스린다는 의미의 안둥(安東)이었다. 단둥은 고구려 영토였으나 고구려 멸망 후 당나라의 안동도호부 관할에 있다가 발해의 영역으로 포함되었다. 금·원 시기에는 파속부로(婆速府路)에 속하였고, 청나라가 중원을 장악하고 이주 금지의 무인 공간지대인 봉금지대(封禁地帶)를 설정하면서 사람이 살지 않는 땅이 되었다. 봉금령이 해제된 이후 1876년에 안동현(安東縣)이 설치되었으며, 1903년에 대외개방 항(港)이 되었다. 1931년에는 만주사변(滿洲事變)으로 인해 일본군에게 점령당했고, 일본 제국주의의 대륙 진출기지로서의 역할을 담당했다. 1934년에는 만주국에 의해 안동성(安東省) 안동현(安東縣)이 되었고, 1965년 1월 마오쩌둥 정부는 문화대혁명의 기운을 담아 이 도시의 이름을 동방을 붉게 물들이는 최전선의 도시, '혁명의 수출기지'라는 뜻을 담아 단둥(丹東)으로 바꾸었고 현재까지 이 명칭으로 불리고 있다.

중국 랴오닝성의 동부 국경 지대에 위치한 단둥은 압록강을 경계로 북한과 접경하며, 황해로 나가는 단둥항(丹東港)을 보유하고 있다. 철도로 평양에서 약 220㎞, 서울에서는 약 420㎞ 거리에 위치하고 있어서 한반도에서 육로 접근성이 가능한 지역이다. 그리고 북한과의 지리적 접근성으로 인해 역사적으로 단둥은 한반도로 진입하는 중국 측 교두보의 역할을 담당해 왔다. 중국의 단둥과 북한의 신의주는 압록강을 사이에 두고 눈으로 직접 확인 가능할 정도로 가깝게 마주 보며 위치하고 있다.

랴오닝성 압록강 하구에 위치한 단둥은 동북아경제권, 환발해권, 황해 경제권의 중심에 위치하는 지정학적 특성을 가진다. 산업·항만·물류·관광 중심도시로서 방직공업, 전자공업, 농산물이 특히 유명하다. 한국전쟁 당시에는 중국이 북한의 후방을 지원하는 병참

기지로 단둥이 적극 활용되었다. 단둥은 압록강에서 흘러내린 뗏목이 운집한 곳이어서 '동북의 소주, 항주'라고도 불린다. 1911년 개통된 북한과 중국의 국경 다리인 압록강단교(鴨綠江斷橋)는 1950년과 1951년 두 번에 걸쳐 미군의 공습을 받아 교량이 단절되었다. 단둥-신의주로 연결되는 철교는 현재 강 중심에서 신의주 쪽으로 콘크리트 기둥만 남아있다. 그러나 중국은 전쟁에 원조했던 역사의 현장으로 보존하여 압록강 유람선과 더불어 단둥시에서 가장 유명한 관광코스를 만들어냈다.

압록강 단교, 다리가 끊어진 쪽이 북한 신의주이다. - 정보은

1909년 일본 제국은 서울과 신의주를 연결하는 경의선에서 압록강을 건너 중국 단둥으로 연결되는 압록강철교(압록강 단교)를 착공하였다. 철교는 1911년 준공되었고, 한반도에서 중국의 만주를 거쳐 유럽까지 이어지는 국제 철도 노선이 연결되었다. 한국전쟁 중 1950년 11월 8일 유엔군의 폭격으로 교량의 중앙부에서 북한 측까지가 파괴되어 단교가 되어 현재까지 역사 유산으로서 잊혀져서는 안되는 슬프지만, 기억되길 원하는 우리의 문화유산으로 고스란히 남아져 있고 이 다리의 바로 상류에 1943년 완공된 압록강의 두 번째 다리(압록강 철교)가 현재는 중국 측 이름인 '조중우의교(朝中友誼橋)'라고 명명되어 이용되고 있다.

압록강을 사이에 두고 한반도와 중국은 오랜 세월을 갈등과 대립, 화해와 공존, 교류를 거듭해왔다. 역사적으로 또 시대적으로 다양한 지점에서 서로 얽혀 있는 것이다. 일제강점기에는 수많은 애국지사가 압록강을 건너 단둥을 거쳐 항일투쟁에 헌신했다. 중국의 국경 도시 중 가장 큰 도시인 단둥은 최근엔 북한과의 교역·교류의 중심도시로 주목받고 있다. 현재 북한-중국 간 교역품의 운송은 1943년 복선으로 개설된 압록강철교(鴨綠江鐵橋, 944m)를 통하고 있다. 또한 단둥은 북한과 중국 대륙을 잇는 아시안 하이웨이(Asian Highway)의 첫 구간(AH1)의 중국 내 출발지이기도 하다. 압록강 하구인 황금평(黃金坪)일대에 건설한 왕복 8차선의 신압록강대교(新鴨綠江大橋, 3,030m)는 황금평 특구개발사업 등

북·중 개혁개방과 경제협력의 상징적인 모델로서 아시아 32개국을 횡단하는 전체 길이 14만 km에 이르는 간선철도인 '아시안 하이웨이'의 경로가 된다.

중국 정부는 단교를 관광 자원화하면서 관광객들을 끌어들이고 있다. 관광객들은 저마다 입장료를 내고 철교가 끊어진 곳까지 오가면서 북한과 중국 양쪽을 감상한다. 단교 끝에 서면 신의주는 손에 잡힐 듯 가깝고 단교 아래로 압록강은 무심히 하염없이 흘러 간다. 밤이 되면 압록강단교는 한낮의 칙칙한 철제 교각 보이지 않고 다리 전체가 빨강, 파랑 등 일정한 간격을 두고 화려한 조명을 입고 환상적으로 변한다.

압록강단교가 있는 공간은 노점상뿐만 아니라 식당 등 다양한 가게들이 밀집해 있다. 어떤 가게 안에는 태극기와 인공기, 중국의 오성홍기가 함께 보이기도 한다. 가게에서는 북한 여성들을 쉽게 볼 수 있다. 그들은 매우 밝고 익숙하게 한국인을 포함한 관광객들을 응대한다. 한국과 북한, 중국 삼국이 서로 공존하는 무대가 바로 단둥이었다.

압록강 단교 건너, 북한의 신의주가 명확하게 보인다. - 정보은

압록강 단교를 대신하여 70여m 정도 상류에 위치한 중조우의교는 단둥에서 북한 신의주와 연결된다. 철도와 자동차, 사람이 이 다리를 통해 지나가며 북·중 무역이 이뤄진다. 단둥은 북한을 관광하려는 사람들의 집결지다. 한국인만 제외하고 중국인뿐만 아니라 다른 나라의 관광객들도 단둥을 통해 북한 관광에 나선다.

중조우의교를 통해 관광 차량과 화물차량의 행렬도 끊임없이 이어 진다. 유엔의 대북제재가 있지만 중조우의교를 통한 북한과의 교류는 여전히 활발하게 이뤄지고 있다.

단둥과 신의주를 잇는 왕복 8차선 신압록강대교는 북한 쪽 연결 부분이 마무리되지 않아 현재까지 개통되지 않고 있지만 중단됐던 압록강 하류 황금평 경제개발구의 추진이 가시화되면서 단둥은 기회의 땅으로 부상하고 있다. 국경의 강, 압록강은 단절과 경계보다는 무심히 그리고 자연스럽게 사람과 물자를 끌어들이고 있다. 유유히 도도하게 흐르는 강물의 흐름이 멈추지 않듯 역사의 흐름도 멈추지 않는다. 압록강 하류 단둥에 부는 변화의 바람은 결코 북-중간의 관계에만 영향을 미치지 않을 것이다. 이것은 곧 남북교류와 한반도의 미래가 될 수 있으므로 그 변화의 흐름을 잘 살피면서 교류협력의 미래를 구상해야 할 것이다.

랴오닝일보의 보도에 의하면, 랴오닝성 정부는 '랴오닝 일대일로 종합실험구 건설 총체 방안' 전문에서 "단둥을 관문으로 한반도 내륙으로 연결 한다" 고 명시했다. 일대일로(一帶一路·인프라 투자 등을 통한 중국의 해외 경제영토 확장)가 한반도로 확장된다는 점을 보여주는 동시에 '단둥의 미래'에 대해 구체적으로 언급한 보도이다. 랴오닝성 정부는 이 문건에서 단둥~평양~서울~부산을 철도와 도로, 통신망으로 상호 연결하겠다고 밝혔다. 일대일로를 태평양으로 확장하기 위해서는 부산까지 뻗어 나가야 하기 때문이다.

또 신의주와 단둥 사이 압록강의 섬 황금평에 있는 북·중 경제구, 단둥의 북·중 호시(互市)무역구를 단둥 내 중점 개발 개방 실험구와 함께 대북 경제협력의 중요한 지지대로 만들겠다고도 명시했다. 중앙정부가 적절한 시기에 단둥 특구를 건설하도록 노력하고 랴오닝성 선양(瀋陽), 다롄(大連), 단둥 공항과 북한 및 러시아 극동 도시 간 항공편 운항도 강화하기로 한 것이다. 단둥 호시무역구를 국가 간 온라인 전자상거래 플랫폼으로 지원한다는 계획도 공개해 북·중 간 전자상거래가 현실화 될 가능성도 커지고 있다.

일대일로를 한반도로 확장하겠다는 계획은 랴오닝성을 허브로 하고 중국 한국 북한 일본 러시아 몽골이 협력하는 '동북아경제회랑'건설과 함께 추진된다. 한반도를 포함한 동북아 지역 개발을 랴오닝성을 중심으로 중국이 주도하겠다는 의도를 드러낸 것이다. 이를 위해 랴오닝성 정부는 단둥~훈춘~러시아 블라디보스토크로 연결되는 철도 건설과 단둥항에서 블라디보스토크항으로 연결되는 해상 통로를 동시에 추진하겠다고 밝혔다. 횡으로는 북·중 접경지역을 따라 중국과 러시아를 연결하고, 종으로는 중국과 한반도를 연결하겠다는 것이다. 일대일로의 동북아 관문의 지위가 두드러지는 시기를 2030년으로 명시하므로 2030년까지 완성하겠다는 의지를 드러냈다. 단둥은 랴오닝성 연해 지역 대외개방전략인 '5점 1선(五點一線)'의 구성 지역으로, 랴오닝성의 대외개방을 담당할 창구로서 그 위상이 계속해서 높아지고 있다. 시진핑 주석은 2018년 블라디보스토크에서 열린 동방경제포럼 연설에서 미국의 일방주의와 대비시킨 '동북아경제권'을 주창하여 이 지역의 중요성을 다시 한번 강조했다.

단둥에는 대다수의 중국인(한족)외에 교역과 취업 등의 경제활동을 위해 거주하는 조선족, 한국인, 북한 사람, 북한 화교 등 여러 부류의 민족 집단이 공존한다. 이들은 북·중 국경 조약의 특징에 근거하여 압록강을 공유한다. 단둥과 신의주 사이에는 양 국가의 국경이 있고, 양쪽의 강변에 서서 대화를 할 수 없는 압록강의 강폭이 존재 하지만 그들은 서로 만나고 또 교류하고 있다. 단둥 사람과 신의주 사람은 이를 적극적으로 활용해서 압록강에서의 삶을 이어가고 있으며 그들에게 압록강은 양 국가를 연결하는 경제적 삶의 수

단이 되고 있다. 단둥 사람의 삶의 영역이 국경으로 제한당하거나 단절되기 보다는 국경 너머의 북한 사람과 교류하고 공간을 공유한다. 한편 단둥 사람은 압록강이 조·중 공동수역이기 때문에 홍수가 날 경우 강의 폭이 넓어지는 현상을 빗대어 "압록강에는 국경이 없다."라고 말한다. 압록강은 비록 국경이지만, 교류를 방해하는 국경의 의미는 희박하다. 압록강은 양 국가를 이어주는 통로이자 공유 지역으로서의 성격이 강하기 때문이다. 다시 말해서 단둥과 신의주에는 국경이 있지만, 국경이라는 존재가 그들의 일상적인 삶에 제약으로 작용하지 않았음을 말한다. 단둥 사람은 북·중 국경을 "국가 간에 인위적으로 그어 놓은 '선' 일뿐이다. 우리는 이웃과 친구로 지낸다."라고 종종 이야기한다. 이러한 일상적인 교류에 대해서, 북한과 중국 양쪽 모두 국가 차원에서 엄격하게 관리하지는 않았다. 국가의 시선으로 보면, 그들의 만남과 교류는 비공식적 혹은 불법의 잣대이다. 그러나 그들에게 만남과 교류는 국가의 잣대를 떠난 일상적인 삶의 한 부분이다.

한반도와 오랜 역사와 문화의 맥을 함께하고 있고 생각만으로도 애잔한 공간이 단둥이다. 최근에 발표된 '랴오닝 일대일로 종합실험구 건설 총체 방안'에서 "단둥을

관문으로 한반도 내륙으로 연결 한다"는 정책이 단둥의
장밋빛 미래가 될지 아니면 혼돈의 시간과 공간이 펼
쳐질지는 아무도 모를 일이다.

05

동북에서 한반도로 통하는
전략적 요충지, 선양(瀋陽)의 발견

중국 랴오닝(遼寧)성의 성도(省都)인 선양은 역사적으로나 지정학적인 위치로나 상당히 중요한 의미를 지닌 도시다. 선양은 역사적으로 위나라, 수나라, 당나라 때에는 고구려에 속했으며 창춘, 하얼빈과 더불어 한때 고구려와 발해의 중심도시였고 1625년부터 1644년까지는 청나라의 도읍이었다. 조선 말기부터 일제강점기에 이르기까지는 가난과 일제의 학정을 피해 많은 한국 사람들이 선양으로 이주하여 지금의 20만 이상의 '조선족'이 되었다. 이들은 주로 19세기 말부터 선양의 '서탑(西塔)' 지구에 몰려 살았으며 1992년 이후에는 이 '서탑'을 중심으로 기업인, 주재원, 중소상인, 학생 등 약 2만여 명의 한국 교민들이 모여들어 세계적으로 유명한 코리아타운을 형성하며 생활하고 있다. 현재 선양은 동북 3성의 정치.군사.외교.경제.물류의 중심지로 부상하고 있으며 한반도로 통하는 전략적 요충지이다.

중국 랴오닝성을 대표하는 두 도시로는 성도인 선양과 발해만의 다롄(大連)이 있다. 그 가운데 다롄이 중국 속 일본으로 불릴 만큼 일본의 투자기업이 밀집해 있다면 선양은 중국 속 한국이라고 할 수 있을 만큼 한국 투자기업이 많이 진출해 있는 곳이다. 선양은 총면적 1만2948㎢이며 서울시 면적의 약 21배 크기로 인구 약 820만 명의 동북 3성을 대표하는 최대 중공업 도시로서 베이징, 상하이, 톈진, 충칭과 함께 중국 5대 도시에 포함되고 다섯 번째 직할시(현재 4개의 직할시) 승격 가능성이 있는 도시를 거론할 때 가장 먼저 등장하는 지역이다.

선양은 500년 전 청(淸)태조 누르하치에 의해 건국된 후금(後金)과 그의 아들 청태종 황타이지(皇太極)가 세운 청나라의 초기 수도다. '선양 고궁(瀋陽故宮)'은 청나라 초대 황제 누르하치가 1625년에 착공해 그의 아들 2대 황제 홍타이지가 이어서 1636년에 완공한 궁으로 2004년 유네스코 세계문화유산으로 등재됐으며 현재 선양 고궁박물관으로 공개되고 있다. 이곳 선양 고궁은 청나라 초기에 세워진 선양 고궁의 동쪽에 위치한 대정전(大政殿)과 우익왕과 좌익왕 및 팔기(八旗)의 건물로 이루어진 십왕정(十王亭)이 북방 기마민족의 이동식 텐트를 본뜬 건물형식을 보여준다. 몽골족·만주족·한족의 건축양식이 모두 융합되어 있어 북방 지역 건축의 기백을 확인할 수 있다. 그리고 청 태종 홍타이지의 무덤인 북릉, 청 태조 누르하치(努爾哈赤)의 무덤인 동릉 등은 이곳이 만주족의 옛 역사가 있던 곳임을 알게 한다. 중국 역사상 만주족 청나라는 바로 이곳을 발판으로 하여 가장 큰 영토를 차지할 수 있었다. 선양은 헤이룽장성의 하얼빈, 지린성의 창춘을 베이징과 연결해 중원으로 진입하는 동북 3성의 길목이 된다.

선양 고궁의 북방 기마민족의 이동식 텐트를 본뜬 건물형식
- 정보은

요양(遼陽), 안산(鞍山), 무순(撫順), 본계(本溪), 철령(鐵嶺) 등은 선양을 중심으로 반경 100km 내에 있는 위성도시들이다. 요양을 비롯한 안산은 옛 고구려의 전략적 요충지로 고구려 '천리장성'의 핵심에 해당하는 곳이다. 천리장성은 고구려가 당나라의 침입을 방어하기 위해 631년(영류왕 14년)에 축조를 시작한 성으로 삼국사기에서는 요동 만주 벌판의 부여성 (중국 지린성 농안/창춘)에서 동남쪽으로 바다까지 1천여 리에 걸쳐 지었다고 기록하고 있으며, 요하 하구까지 이어진 것으로 보고 있다. 이 성을 축조하는 데는 무려 16년이 걸려 647년에 완공됐다. 선양의 개모성과 무순의 현도성 및 신성, 등탑의 백암성, 해성의 안시성 등은 천리장성의 대표적인 성이다. 그리고 발해만 끝에 있는 대련의 비사성까지 이어지는 이 천리장성은 연개소문이 당나라에 맞서 요동을 지키기 위해 쌓은 성이었다. 특히 안산과 무순은 중국 최대의 철광 산지로 철광산업이 발달한 곳이다. 고구려가 수·당과 맞서 이곳을 지키려 한 이유는 바로 '철' 때문인지도 모른다.

선양의 지명은 시 주변을 흐르는 혼하(渾河)의 옛 이름 심수(瀋水)의 북쪽에 있다는 뜻인 '심수지양(瀋水之陽)'에서 유래한 것으로 발해가 심주라는 이름을 쓴 것

출처 : 나무위키, 고구려 천리장성

이 최초로 이 지역 지명에 '심'이라는 이름을 붙이게
된 것이며 이후 심주, 심양 등의 이름을 사용하였다.
이곳은 과거에는 고조선을 거쳐 고구려 영토였으며 고
구려의 개모성이 있었다. 고구려 멸망 후에는 당나라가
이 지역에 안동도호부를 설치했고, 이후 발해가 이곳을
차지하여 심수의 이름을 딴 심주(瀋州)를 설치한다. 이
후 명나라 때까지 심양으로 불리다가 만주족이 세운 후
금이 점령하고 수도로 삼았고 '묵던'(Mukden)이라는 만
주어로 도시 이름을 고쳤다. 묵던은 중국식으로는 성경
(盛京)으로 불렸다. 이때 세운 궁전이 선양의 고궁이다.
1644년 청나라군이 북경에 입성한 후 성경은 수도로서의
위치를 상실했고, 1657년 다시 봉천부(奉天府)로 개명
하며 사실상 만주족의 고향으로 남았다. 이곳은 처음에

는 만주 일대를 신성시하는 청나라 조정의 방침에 따라 한족의 출입이 금지되었으나, 이후 러시아와 일본이 만주를 침략하기 시작하면서 땅을 뺏기게 된 청나라가 급하게 출입금지를 해제하여 사람들을 만주에 살도록 하자마자 한족을 비롯한 여러 민족의 사람들이 펑톈(선양)으로 들어왔다. 1900년 전후의 대한제국은 간도와 만주에 대해 제국주의적 집착을 보이기 시작했고, 급기야 펑톈 일대에 군대를 보내 만주지역의 청나라군에게 치명적인 피해를 입히는 사건이 발생하여 청나라는 15,000명 정도의 군사를 만주에 파견하였고 대한제국이 일본제국에 의해 무력화될 때까지 간도 지역의 실질적 통치권은 대한제국이 행사하게 되었다.

이 도시의 이름인 선양(심양)-펑톈(봉천)의 지명은 정치적 혼란과 맞물려 개명이 반복되었다. 20세기 초에는 북양군벌, 장쭤린-장쉐량으로 이어지는 '봉천 군벌'의 근거지가 되어 1929년 6월 3일, 국민당의 2차 북벌이 행해지고 북양 정부의 수도 베이징이 위협당하자 장쭤린은 펑톈을 북양 정부의 새로운 수도로 선포하여 며칠 동안 중국의 수도가 되었으나 장쭤린이 6월 4일 일본 관동군에 의한 열차 폭파로 사망하고 장쉐량의 국민정부에 대한 복종 선포인 동북역치(東北易幟)가 일어나면서 무산되었다.

　1929년에 장쭤린이 관동군이 일으킨 황고둔 사건으로 폭살 당하면서 뒤를 이은 장쉐량은 도시명을 펑톈에서 선양으로 복구시켰으나, 1931년 일제가 만주사변으로 선양을 점령한 후 다시 펑톈으로 만들었다. 지명 자체가 만주족과 일본인들에 의해 강제로 개명된 것이기 때문에 과거에는 한족 출신 선양 시민들은 펑톈(봉천)이란 지명에 강한 거부감을 드러내기도 했다. 슬픈 역사를 지닌 이름이다.

　오늘날 선양은 820만의 인구를 가진 동북지방의 정치·군사·경제·문화·교통의 중심도시다. 1980년대까지 선양은 일제강점기에 건설된 공업기반을 바탕으로 중국의 군수산업과 중화학공업을 선도해왔다. 하지만 1978년 중국 동·남부 연해 지역에서부터 시작된 개혁개방의 흐름에 쉽게 부응하지 못했고, 그 결과 1990년대 후반부터 선양의 경제는 기울기 시작했다. 국영기업을 중심으로 수많은 기업들이 도산하여 선양지역 기업들의 대규모 구조조정으로 이어져 대량 실업 사태가 일어나 한때는 노동자들의 집단소요가 발생하는 등 지역이 위기를 맞기도 했다.

그러나 2003년부터 중국 중앙정부가 '서부 대개발'에
이어 중국판 균형발전전략인 '동북진흥전략(東北振興戰
略)'이란 새로운 경제발전 계획을 추진하면서 중국 동북
지역의 경제가 과거의 비효율에서 벗어나 성장 궤도에
들어서게 되었다. 현재는 광저우와 선전의 주강(珠江)삼
각주, 상하이와 쑤저우, 항저우를 중심으로 한 장강(長
江)삼각주, 베이징과 톈진의 보하이(渤海)만 경제권에 이
어 중국의 제4대 경제 성장축으로 급부상하고 있다. 이렇
듯 동북진흥전략의 중심에 있는 도시가 선양이며 선양 주
변 100㎞ 범위 내 안산, 영구, 요양, 철령 등 인근 8
개 도시(총면적 7만5000㎢, 인구수 2000만 명 이상)는
'선양경제구'라는 거대 도시권으로 재탄생하고 있는 중이
다. 2009년부터는 다롄(大連)을 국제물류 기지로 육성하는
것을 축으로 하는 랴오닝 연해경제벨트와 창춘(長春)-지린
(吉林)-투먼(圖們)을 연결한 '창지투' 개발 프로젝트가 가
동되면서 하얼빈·창춘·선양·다롄 등 동북 3성 주요 도
시를 잇는 고속철이 개통되는 등 교통 인프라도 대거 확충
됐다. 덕분에 선양은 동북 3성 물류기지로 비약적으로 발
전하며 두 자리 수 성장세를 이어갔다.

선양에는 중국에서 가장 유명한 코리아타운인 '서

탑'이 있다. 『신간도 견문록』에 의하면, 상하이의 민항취, 룽바이 지역, 베이징의 왕징, 하얼빈의 샹팡취, 산둥성 칭다오의 청양취와 스난취, 창춘의 계림로와 목단가 그리고 광둥성 선전의 아오위안쥐 등 한민족이 많이 거주하고 있는 중국의 대도시에는 코리아타운이 많이 생겨났는데 그 중 선양의 서탑이 가장 오랜 역사를 지니고 있다.

청 태조 누르하치는 선양에 도읍을 삼고, 고궁을 중심으로 동서남북 네 방향으로 탑을 세웠다. 서탑은 그 중에 하나다. 지금의 서탑은 1998년 문화대혁명 시기에 파괴되었던 것을 복원한 것이다. 이슬람교와 라마교의 영향을 받은 듯 보이는 하얀색으로 된 불탑이며 탑의 뒤편에는 사원이 있다.

남탑은 '신발 시장', 동탑은 '비행장', 북탑은 '버스역'이라는 저마다 도시에서 명확한 특징을 지니고 있다. 이와 마찬가지로 서탑 하면 상징적으로 떠오르는 것은 바로 '한국'이다. 서탑을 중심으로 약 10만이 넘는 조선족들이 거주하고 있기 때문인데, 일제강점기에 펑톈(봉천)으로 불렸고 서간도의 독립운동을 지원하기 위해 국밥집이 하나둘씩 생겨나면서 조선인들의 상권이 형성되었다고 하기도 하고 20세기 초부터는 펑톈으로 조선인들의 이주가 시작되면서 지금의 서탑 주변으로 모여들어 거주했다고도 하며, 20세기 초 '안씨'라고 하는 조선인이 서탑 아래에서 처음 농사를 짓게 되면서 조선인들이 점차 모여들어 마을을 이룬 것이라고도 한다.

선양과 그 주변 도시는 특히 경상도 및 평안도계 조선족들이 대거 모여 사는 곳으로 서탑에는 한국인가게, 북한식당 (평양관-모란관) 등의 한글 간판으로 장식한 상가가 가득 들어서 있다. 이곳 조선족들은 초등학교부터 고등중학교까지 조선어로 언어 교육을 실시하고 있다. 또 많은 탈북민들도 선양에서 은신하며 살고 있고 탈북민이 아니더라도 북한 사람들이 많이 살기도 하지만 북한에 대한 제재가 심해지기라도 하면 또 거의 찾아볼 수 없다.

최근 중국 경기 둔화세가 짙어지고 있는 가운데 선양은 과거 국유기업 중심의 경제를 개혁하고 서비스, 금융, 물류·유통 등 분야에서 대외개방을 추진하며 동북아 물류기지로 발돋움하기 위해 전력 질주하고 있다. 그리고 선양은 예로부터 중국 동북지역의 군사 전략적 요충지였으며 현재도 북방의 주요 군사 요충지이다. 근대 시기 1905년 러일전쟁 당시 제정러시아와 일본의 30만 대군이 격돌한 지상전의 주 무대도 선양이었다. 당시 선양은 북한, 러시아, 몽골과 국경을 맞대면서 동북아 지역에서 중국의 군사·정치적 영향력을 투사하는 동북 3성 지역의 군사를 책임지는 중국의 7대 군구 중 하나인 선양 군구(軍區)였다.

여러 가지 면에서 한반도와 깊은 인연을 맺고 있는 선양에는 과거 한반도 고구려의 영광과 조선의 눈물이 스며들어 있고 지금도 한반도의 맥이 흐르고 있다. 전혀 낯설지 않은 선양에서 미래 대한민국의 활발한 움직임을 기대해 본다.

북방의 맥, 중국 지린(吉林)성
지안(集安)의 고구려유적과 한반도

지안시는 동북 3성 중 지린성의 가장 남쪽에 있는 도시로 압록강을 사이에 두고 북한의 자강도 만포시와 마주 하고있는 도시이다. 지안은 한민족에게는 역사적 의의가 매우 깊은 곳이다. 바로 고구려 국내성이 있던 '고구려 수도'이기 때문이다. 따라서 이곳은 고구려 역사의 보고가 된다. 지안시 곳곳에는 크고 작은 고구려 관련 역사 유적들이 즐비하다. 고구려 2대 유리왕이 졸본성에서 이주하여 광개토대왕이 평양으로 천도하기 전까지 고구려의 왕성이 있던 곳이니 그러하다. 따라서 지안 시내에는 국내성과 시 외곽지역에 산성, 장군총, 광개토대왕비, 고구려 고분군, 오회분 5호묘를 포함한 고구려 벽화고분 그리고 지안 시내에 있는 고구려 발굴 유물을 전시해 둔 한국에서는 '고구려 박물관'으로 불리는 '지안 박물관' 등이 있다.

　　국내성 북쪽 퉁거우(通溝)에 위치한 고구려(高句麗)

19대 광개토대왕의 능비는 광개토왕(廣開土王)의 훈적을 담고 있는 돌비석(石碑)이다. 한국에서는 주로 광개토 왕비, 광개토대왕릉비 등으로 불리고, 중국에서는 호태 왕비(好太王碑)로 불린다. 이 비석은 고구려 역사뿐 아니라 한국 고대사 최고(最高)의 금석문으로 평가받는다.

비는 대석과 비신으로 되어있고, 비신이 대석 위에 세워져 있으나 대석과 비신 일부가 땅속에 묻혀 있다. 비의 높이는 6.39m, 너비는 1.38-2.00m, 측면은 1.35m-1.46m로 불규칙하다. 네 면에 걸쳐 모두 1천 775자가 새겨져 있는 것으로 알려져 있으나 일제에 의해 훼손된 부분도 있어 판독 여부가 불분명한 부분이 있고 관리가 제대로 되지 않아 풍화작용에 의한 마모된 정도도 매우 심각하다. 이 비의 존재는 용비어천가에도 나오며 우리에게 알려진 것은 오래되었지만 비가 세상에 드러난 것은 청나라가 봉금령을 해제한 19세기 말경이었고, 금석가들이 문자의 조형을 연구하기 위해 비의 탁본을 뜨는 과정에서 훼손됐다.

유리 누각으로 덮개가 씌워진 광개토대왕비 - 정보은

2012년에 지안시 마셴(麻線)향 마셴촌에서 또 하나
의 고구려 비석이 발견됐다. 바로 '지안 고구려비'이다.
기존의 광개토대왕비와 비교하면 크기는 작지만 새겨
진 내용이 유사해 '제2의 광개토대왕비'로 불려지기도
한다. '지안 고구려비'는 2012년 7월 중국 지안시에서
발견된 뒤 2013년 1월 중국 국가문물국(문화재청에 해
당)이 발행하는 <중국문물보>에 발견 사실이 처음 보도
됐다. 2013년 중앙일보 보도에 의하면, 당시 중국 쪽은
"비문에서 확인 가능한 글자는 140자이고, 주요 내용은
수묘제에 관한 것으로, 광개토왕이 세운 비로 여겨진다"
고 발표했다. '지안 고구려비'를 놓고 고구려인의 기원

에 대해서 중국은 고구려가 중국 고대종족의 하나인 고이족이며, 건국 당시 현토군(중국 한나라 무제가 세운 한사군의 하나)의 관할 아래 정권을 세웠다고 주장하고 있지만, 한국 동북아 역사 재단 쪽은 이에 대해 "고구려를 중국 고대 지방 정권으로 보는 시각에서 나온 것으로 보이지만, '지안 고구려비'는 이런 이해가 성립할 수 없다는 것을 보여준다. 비문 서두에 '시조 추모왕이 하늘과 신령의 도움으로 나라를 세웠고 그 나라가 면면히 이어져 내려왔다'고 천명하고 있다"며 중국 쪽 주장을 반박했다.

2012년 발굴된 지안 고구려비
출처 : (중앙일보, 2013.01.17. 중국 지안서 제2 광개토대왕비 발견)

장군총은 고구려 왕릉 광개토대왕비에서 2km 떨어

져 있다. 전체가 계단, 무덤방, 기단 세 부분으로 조성되어 있는데 계단은 모두 7층이고 정교하게 다듬어진 화강암으로 쌓아 올렸다. 장군총에는 금동제의 머리 꽂이, 금당 등의 유물이 발굴됐다. 장군총 무덤의 주인에 대해서는 여러 가지 주장이 있지만, 일본에 의해 제기된 장수왕의 무덤설이 가장 잘 알려진 내용이다.

오회분 5호묘는 지안시 통구 중앙에 있는 5기의 대형 봉토적석총 가운데 하나인데 오회분이란 5개의 무덤이 마치 투구를 엎어 놓은 것과 같다고 하여 붙여진 이름이다. 지안의 무덤 중 유일하게 내부를 공개하는 무덤으로 내부의 널방에는 사면에 사신도가 그려져 있다.

그리고 지안 박물관, 한국에서는 '고구려 박물관'으로 알려진 곳으로 지안에서 발굴된 고구려 유물을 전시한 2층 구조의 박물관이다. 관람객은 대부분 한국인이다. 그리고 중국 내 박물관 중에서 유일하게 입장료를 내고 관람을 해야 하고 관람 중에는 사진 촬영도 불가하며 공안의 감시를 받으며 상당히 불편하게 관람해야 한다. 우리 민족의 유물을 중국 공안의 감시받으며 관람해야 하는 씁쓸한 느낌을 참아 내야 한다. 내부 전시 유물은 고구려 북방의 기상을 한껏 발하는 웅장한 유물로

한국에서 '고구려 박물관'으로 불려 지는 중국 지린성 '지안 박물관', 전경 - 정보은

채워졌을 것이라는 생각과는 사뭇 다르게 세밀한 금세공으로 세련되게 만들어진 화려한 장신구와 생활용품이 많이 진열되어 있어 놀라움을 자아내게 한다. 한반도 역사에서 '금세공의 정수는 신라'라는 공식을 깨기에 충분하다.

중국 측 역사공정에 의하면, 고대 동북에는 상(商), 동호(東湖), 숙신(肅愼), 예맥(穢貊)같은 4개의 큰 종족이 있었는데, 최근 연구에서 고구려인은 은(殷, 상商) 계통의 사람이라고 확정했다. 이러한 주장은 발굴된 유물에 의해서 기인한 것이라고 한다. 몇몇 학자들은 고구려 문화와 은(상)문화 사이의 밀접한 관계에 주목했고 지린성 지안 경내 고구려 무덤벽화 가운데 용과 뱀의 그림, 기악비천(伎樂飛天), 복희여왜(伏羲女媧), 신농황제(神農黃帝) 및 4신 같은 그림과 형상은 염황문화(炎黃文化)의 내용을 표현한 것으로 그 외에도 많은 역사 문화의 구성 요소들이 중국 원시 본원 철학사상의 담고 있어 고구려인은 상인에서 나왔다고 주장한다. "고구려는 상인(商人)이 건국하거나 상인이 중원으로 들어가기 전후 동북방으로 옮겨온 한 종족일 수 있다. 그러므로 고구려의 근원은 상인으로 5제 계통이고 염황문화의 후예이다." 라고 하는 이 내용은 <중국동북사> 1권 6장에 여러 문헌 자료를 인용하여 '고구려는 고조선이 아니다'라고 명확하게 설명하고 있다. 이 주장에 의하면 고구려는 중국 최고의 나라였던 상(은)나라의 후예들이 세운 국가이고 고구려의 시조는 곧 한족이라는 의미이다. 중국은 결국 고구려인은 조선인이 아니라는 역사를 만들어 내었는데, 부단히 역사공정을 해야 할 만큼 고구려는 확실히 대단하고 위엄있는 국가였던 것이 분명하다.

고구려의 광개토대왕은 통합과 관용의 리더십으로 한민족 최대의 전성기를 이끌어 냈다. 신라가 삼국의 통일을 이루어 냈지만, 실상 그 이전 고구려가 이미 신라, 백제와 북방의 소수민족을 아우르며 분권적 통일을 이루어 내었다. 이 사실은 이미 광개토대왕의 비문에 새겨져 있다. 우리의 역사가 한반도로 좁혀진 것은 식민사관과 한반도 분단, 그리고 중국의 영향을 받은 '소중화의식' 때문인지 모른다. 중국을 흠모하는 조선의 소중화적 세계관은 중국을 무의식적으로 추종하는 DNA를 만들어 놓았다. 이 때문에 과거 조선이 지향했던 국가의 이념적 정체성은 유교적 세계관을 중심으로 도의 정치를 실현하는 것이었지만 실상은 본질보다는 형식만을 추구했고 지배층은 소중화의식에 함몰되어 점차 기형적인 형태로 변모했다. 무엇보다 기자(箕子)로부터 우리 역사가 시작되었다고 믿어 한민족의 기원을 단군보다는 기자를 더 받아들이고 제사를 지냈다. 그리고 문(文) 중심만의 질서인 사농공상의 질서를 강조하여 과학과 기술, 무(武)와 상업을 비천하게 여겼다. 한자와 한문을 알아야만 지식인으로 대접받고 출세할 수 있었던 사회구조 때문에 스스로 만든 세계적인 문자인 한글, 언문을 멸시하고 쓰지 않았다. 조선의 지배

층 에게는 오로지 한자와 한문만이 문명이었으며 한자와 한문을 모르면 비문명자, 야만이었던 것이다. 따라서 중국이 세계관의 중심이고 중국을 벗어나면 야만인 것으로 간주했던 '소중화의식'에 매몰되어 있었고 그로 인해 우리에게 북방은 점점 잊혀진 공간이 되었다. 하지만 고대의 한민족은 거대하게 북방을 경영했다. 우리가 우물쭈물하는 사이 명확한 것도 불분명하게 각색되고 훼손되어지고 있지만 그 명확한 기록은 지린성 '지안'이라는 도시에 고스란히 남아져 있다.

한민족과 중국의 동북지역은 결코 따로 떼어 생각할 수 없는 특별한 관계다. 고대와 중세뿐 아니라 근·현대 역사를 통해서도 충분히 알 수 있다. 그러나 현재 중국 동북 지역에 대한 관심은 상당히 표피적이다. 이 땅에서의 과거 조상들의 웅장했던 역사를 말하지만 일시적인 감상적 표현일 경우가 많다. 근대 이후에는 일제 치하의 독립 운동의 무대로 역사상 가장 치열한 삶을 살았을 그들이지만 이제 그 땅에서 지난 한 삶을 살아낸 사람들의 역사에는 별다른 관심이 없다. 이 땅의 역사와 이곳 사람들이 겪었던 슬픈 역사는 그저 옛 이야기일 뿐이고, 시간이 지날수록 그마저도 희미해져 간다.

근대 한민족의 흔적이 켜켜이 쌓여 있는 동북지역은 현재도 조선족 동포들에 의해서 끊임없이 역사가 만들어지고 있다. 중국 동북지역은 두만강과 압록강을 사이에 두고 한반도의 반쪽인 북한과 맞닿아 있다. 쉽게 갈 수 없는 닫힌 공간이지만 휴전선을 통해 바라보는 북녘땅과 두만강 압록강 너머로 바라보이는 북녘땅의 느낌은 다르다. 중국 동북지역만이 우리에게 주는 특별한 선물이다. 또한 중국 동북지역은 한반도와 대륙을 연결할 수 있는 유일한 곳으로서 한민족이 대륙의 꿈을 안고 미래로 나아가기 위해서는 반드시 통과해야 하는 땅이며 한민족이 숙명과도 같이 함께 껴안고 가야 하는 그런 곳이다.

21세기의 새로운 역사적 트렌드 속에서 중국 동북지역은 동북아시아의 미래를 견인할 소통의 공간이 될 수 있다. 북한의 문이 아직 굳건히 닫혀 있지만, 이 지역은 점점 주변 국가들이 관심의 대상이 된다. 머지않아 현실이 될 수 있을 동북아시아에서 새로운 질서가 전개되고 동북아시아 공동체의 비전이 가시화될 때를 생각하면 지금 우리는 너무도 안일한 자세를 취하고 있다. 중국 동북지역의 지정학적 가치를 올바로 평가하고 이곳에 사는 중국 조선족 동포들과의 좋은 관계성은 미래로 나가기 위한 비전을 만들 수 있다. 그러나 아직 중국 동북 지역에 대한 관심은 상당히 표피적이고 조선족 동포들과는 여전히 갈등이 있다. 근대 이후 이곳에서 이루어진 한민족의 역사와 광복 후 이곳에 정착해 중국의 '공민'으로 살아온 그들의 삶에 마음으로 다가가 보는 자세가 필요할 듯하다. 이렇듯 동북지역은 한민족의 고대와 중세 그리고 근현대 역사와 직간접적으로 연관되어 있고 우리의 미래를 논할 때도 결코 무관하지 않다. 이곳은 역사의 굽이마다 한민족이 겪은 희로애락이 점철된 삶의 터전이고 역사이며 한반도와 북방과 연결되는 맥이며 북방문화의 교차로가 된다.

한민족의 역사는 수많은 외세의 침략과 함께하며 역사를 이어왔다. 특히 1800년대 후반부터 일본에 의해 강압적으로 시작된 근대화는 조선의 식민지로 시작된다. 일제의 식민지배에 맞서 싸운 독립투쟁의 주요 공간은 바로 중국의 동북 3성 지역이었다. 1910년경 중국 동북지역에는 이미 20만여 명의 조선인들이 살고 있었고 두만강과 압록강을 경계로 하는 이 지역은 지리적으로 한반도와 가깝고, 조선인이 많이 살고 있다는 점이 독립운동을 하는 자에게 근거지로서의 역할을 하기에 충분했다. 따라서 뜻있는 많은 자들이 전 재산을 팔아 이 낯선 곳으로 이주하여 목숨을 걸고 독립을 위해 인생을 바친 곳임을 오늘을 사는 우리가 결코 잊으면 안 될 것이다.

21세기 우리에게 다시 펼쳐질 세계는 경계를 짓기보다는 소통하고 융합하고 더불어 살아가는 것을 지향해야 하는 새로운 역사적, 공간적 트렌드를 구상해야 한다. 국제질서에서도 다른 국가와의 경계를 높이 세우고 민족을 중심으로 형성된 국민국가의 이익만을 추구하는 모습은 적합하지 않다. 현재도 해결되기 어려운 국가 간의 역사 인식, 역사 문제로 갈등이 존재 하지만 마냥 그 상태로 머물러 있을 수는 없다. 동북 3성에 대한 올바른 인식과 사회적 소통 등을 고민해야 한다. 그런 의미에서 중국 동북 3성은 특별한 곳이다. 지정학의 창시자라고 할 수 있는 핼퍼드 맥킨더는 이곳을 동아시아의 '심장지역' 이라고 한다. 고전 지정학에서 말하는 자국만의 이익이 아니라 역내 국가와 민족이 공동의 이익을 추구하기 위해, 21세기 소통과 융합의 트렌드를 받아들임으로써 이 지역을 더불어 살아가기 위한 장으로 만들어야 한다는 것이다.

화려한 현재를 살고, 찬란한 미래를 구상하는 일도 중요 하지만 과거 역사의 부침에 대한 깊은 반성과 이해는 화려한 현재를 사는 것과 찬란한 미래를 꿈꿀 수 있게 하는 동력이 될 수 있다. 이러한 의미에서 북방 민족, 특히 한반도와는 과거, 현재, 미래가 밀접하게 연결 되어 있는 곳, 동북은 한민족에게 한반도 북방의 기상을 다시 상기시키는 역할을 하므로 우리가 새로운 시선, 새로운 해석으로 사려 깊은 관심을 가지고 그 맥을 이어야 하는 곳이 되었다. 북방을 바람같이 누비고 다녔을 광개토대왕의 모습을 기억하며 그곳 동북에서 시작하여 더 멀리까지 북방의 기상을 한껏 발휘하며 힘찬 미래를 열어가는 '한반도의 시간'을 기대해 본다.